MACRAMÉ
Las más bellas creaciones con el arte de hacer nudos y flecos

AGRADECIMIENTOS
A Luciana Brescia (Lavangna) por su asesoramiento técnico.
Al fotógrafo Fredi Marcarini y al equipo gráfico y de redacción:
Amelia Verga, Beatrice Sciascia, Francesca Battaini Pontiggia, Claudia Pisi, Sonia Giubertoni,
Enrica Sacchi, Annamaria Palo, Nadia Dorissa.

Editor: Jesús Domingo
Edición a cargo de Eva Domingo
Revisión técnica: Esperanza González

Primera edición: 2005
Segunda edición: 2006
Tercera edición: 2008

Título original: *Macramé. Le più belle creazioni*
con l'arte dei nodi e delle frange
Las páginas 12 a 15 provienen del libro Tecniche per creare © 1997
© 2001 RCS Libri S.p.A., Milán, Italia
© 2005 de la versión española
  by Editorial El Drac, S.L.
  Marqués de Urquijo, 34. 28008 Madrid
  Tel.: 91 559 98 32. Fax: 91 541 02 35
  E-mail: info@editorialeldrac.com
  www.editorialeldrac.com

Fotografías de Fredi Marcarini
Diseño de cubierta: Jose M.ª Alcoceba
Traducido por Penélope Gómez para Seven

ISBN 13: 978-84-96365-77-3
ISBN 10: 84-96365-77-8
Depósito legal: M-3341-2008
Impreso en Orymu
Impreso en España – *Printed in Spain*

Donatella Ciotti

MACRAMÉ
Las más bellas creaciones con el arte de hacer nudos y flecos

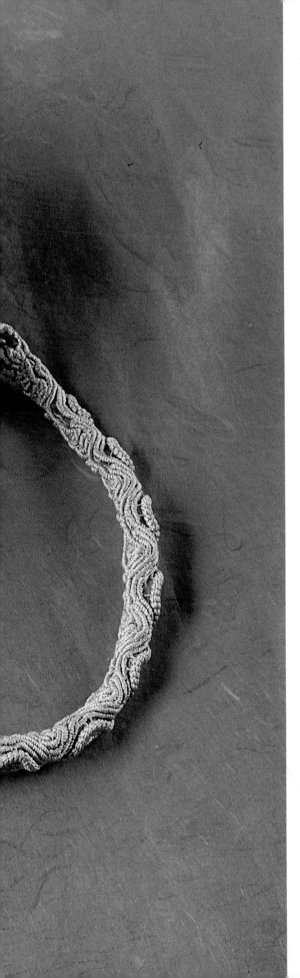

SUMARIO

Un poco de historia

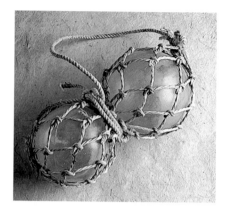

La palabra "macramé" deriva del árabe *māhrama* (pañuelo), término con el cual se denominaba a los amplios pañuelos decorados con flecos, que las mujeres y los hombres llevaban en la cabeza. La técnica de anudar y cruzar los hilos, que es la base del macramé, ha estado siempre presente, desde tiempos inmemoriales, en las más antiguas civilizaciones: de la inca a la china en la que, hasta en un cierto periodo, cuerdecillas con nudos sustituían a la escritura como medio de comunicación; en la egipcia, la babilónica y la japonesa, donde incluso las bestias eran adornadas con flecos y nudos para declarar su pertenencia a una casta más elevada de quien la llevase. Con respecto a Italia, la técnica del nudo encontró un terreno fértil en la región de Chiavari, gracias a la presencia de una floreciente actividad de artesanía textil, sobre todo en lo referente a la elaboración de telas de lino, el tejido más adecuado para la elaboración del macramé. Fue ya en el siglo XVII, cuando el comercio de la ropa de la casa, elaborada de esta forma, debía estar bastante extendido, ya que incluso existen documentos sobre la actividad de un cierto Giuseppe Perazzo, genovés de origen, que en 1680, en Constantinopla, practicaba el comercio del macramé de Chiavari, con el cual se decoraban, con unos encajes hechos con nudos, sólo las telas más finas y delicadas, blanqueadas con el agua del Entella. Pero lo que es más interesante saber, es que también los hombres se dedicaban al macramé: y sobre todo pescadores y marineros, ya expertos en el arte de hacer nudos. Y es justo a su habilidad a lo que debemos la creación de verdaderas piezas de museo, realizadas con paciencia durante largos meses en el mar.

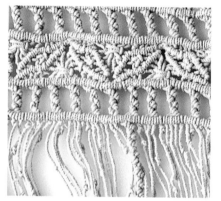

La superficie de apoyo

Para la elaboración del macramé es necesaria una superficie de apoyo, bastante rígida y estable, con un relleno muy compacto en el cual hay que sujetar los diversos hilos para realizar los cruces. Lo ideal sería utilizar una tela resistente para el revestimiento interior del cojín y superponer un tejido de color, que no canse la vista y que al mismo tiempo permita ver el trabajo con nitidez. No siempre en las tiendas especializadas se pueden encontrar estructuras ya hechas, pero crearlas uno mismo no es una empresa imposible. Se pueden fabricar de distintos tamaños, según las labores que deban realizarse; por ejemplo para pequeños trabajos como pulseras, collares y llaveros es preferible utilizar estructuras de reducidas dimensiones, particularmente ligeras para transportar y fáciles de manejar.

MATERIALES

Tablilla de madera prensada, de 2 cm de espesor

Crin vegetal para el relleno de la tapicería

Puntas

Apoyos de madera

Tela de revestimiento

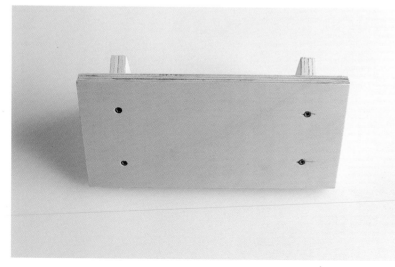

1 | Buscar una tabla de madera de un par de centímetros de espesor y, con una sierra, cortarla al tamaño que se desee, en función del trabajo que se vaya a realizar. Cortar dos triángulos rectángulos y atornillarlos a la tabla por el lado de la diagonal para obtener un plano inclinado.

2 Crear un saco de tela robusta a la medida de la tabla, coserlo por tres lados, dejando un par de centímetros de margen (los márgenes servirán para fijar el saquito a la tabla). Rellenarlo con crin vegetal.

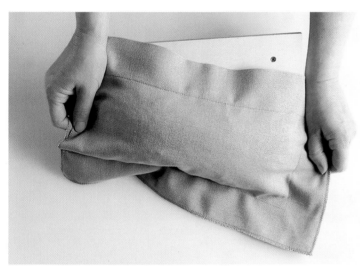

3 Una vez relleno el saco con el material, hay que prensarlo muy bien para obtener un relleno compacto y uniforme.

4 Cerrar el lado que no había sido cosido y fijar el saco a la madera con clavos pequeños o grapas. Si fuese necesaria una transparencia mayor, revestir el cojín con una segunda tela de un color más adecuado.

Los hilos

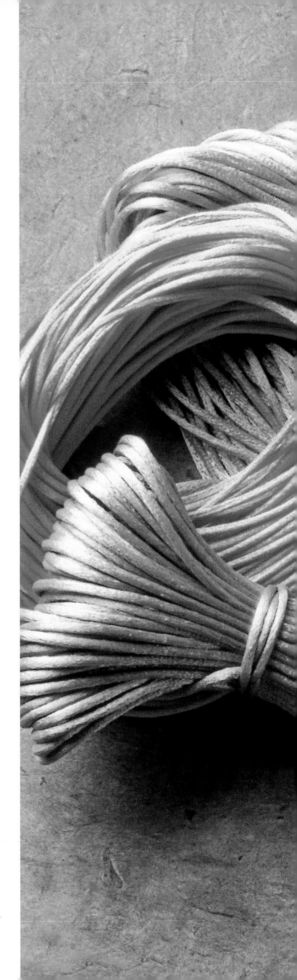

Hoy día el mercado ofrece una amplia gama de hilos que se pueden usar en el macramé. Pueden ser gruesos o finos, con tal de que sean resistentes y muy retorcidos para que no se deshilachen, ni se rompan.

Algodón: puede adquirirse en distintos colores y tamaños. Con gran diferencia, es el hilo que más se usa.

Cáñamo: brillante y opaco, es usado casi siempre en su color natural.

Lino (tejido): fibra valiosa, de trama larga, adecuada para sacar los flecos.

Refe: particular fibra muy resistente y retorcida, adecuada para los trabajos finos.

Algodón lanado: muy suave, adecuado para realizar pulseras.

Seda pura: espléndido hilado por la consistencia de los colores, usado en las "Pulseras de la amistad", y para labores de entredós para la ropa de la casa o un trenzado de cuentas para collares.

Yute: hilo muy áspero.

Sisal, rafia e hilo bramante: indicados para trabajos de estilo rústico.

Fibras sintéticas: adecuadas para todas las labores.

Cordoncillo (fibra sintética): muy robustos, puede adquirirse en diversos colores y tamaños.

Cola de rata: cordoncillo brillante de fibra de poliéster, que se usa para realizar las flores.

Los nudos de base

Para iniciar el trabajo hay que anudar los hilos directamente en el tejido, tanto si se trata de flecos como si es un hilo tensado horizontalmente, entre dos alfileres.

Normalmente, los hilos necesarios para la labor de macramé son pares y, para un trabajo de dimensiones medias, deben tener un tamaño unas seis veces mayor que el largo de la labor terminada. Antes de comenzar el trabajo, hay que doblar todos los hilos en dos, por la mitad. El hilo en el cual se formarán los nudos se llama: "hilo de soporte" y los hilos que se anudan se denominan: "hilos anudadores". Para comenzar el trabajo hay que atar los hilos con una lazada, de arriba abajo, al hilo de soporte. Si se comenzara con los hilos en el tejido, habría que pasar una aguja de ganchillo a través del margen de la tela, a $^1/_2$ cm del borde, enganchar el hilo en la parte central del doblez, sacarlo hacia abajo y hacer pasar por la lazada los dos extremos del hilo.

Puede realizarse con el armazón hacia la derecha o hacia la izquierda.

Armazón hacia la derecha: coger el hilo de la izquierda y mantenerlo tenso verticalmente con la mano derecha. Con la derecha enrollar el otro hilo y, haciéndolo correr sobre el tensado, cerrar el nudo.

Armazón hacia la izquierda: realizar la operación anterior al contrario. Repitiendo esos movimientos, hacia la derecha o hacia la izquierda, se obtendrán unas trabillas formadas por nudos parecidos al punto de festón.

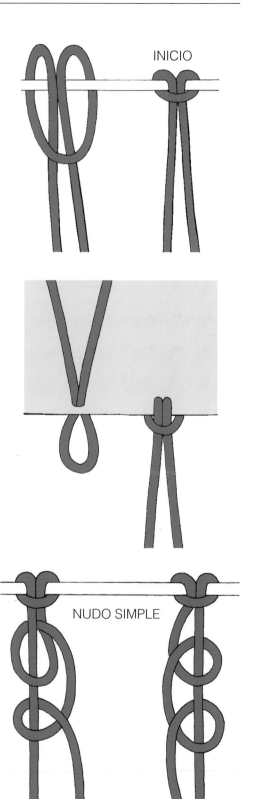

INICIO

NUDO SIMPLE

Es uno de los nudos de base del macramé. Después de haber comenzado con varios hilos, puede realizarse enrollando cada hilo con un nudo simple dos veces, usando como soporte de los nudos el primer hilo de la izquierda, en el caso de que el cordoncillo vaya de izquierda a derecha, y el primer hilo de la derecha en el caso contrario. El hilo de soporte debe permanecer horizontal y cada nudo hay que apretarlo lo más posible. Sujetar en la mano el extremo libre del hilo de soporte.

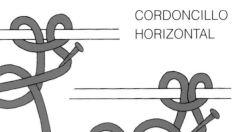

CORDONCILLO HORIZONTAL

CORDONCILLO DIAGONAL

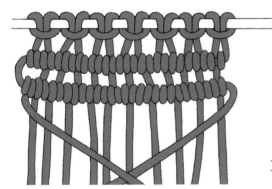

Hay que realizarlo igual que el horizontal, pero manteniendo el hilo de soporte en diagonal. La mano que sujeta al hilo de soporte es la que indicará el sentido en el que se hace el cordoncillo; con la otra se realizan los nudos.

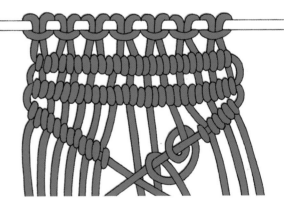

Realizar un cordoncillo oblicuo, de izquierda a derecha, con la mitad de los hilos del inicio. Repetir la operación de derecha a izquierda con la misma inclinación hasta el centro.

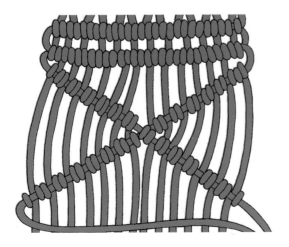

Reanudar la diagonal, de izquierda a derecha, anudando todos los hilos con la misma inclinación; luego, comenzando siempre desde el centro, terminar el cordoncillo de derecha a izquierda.

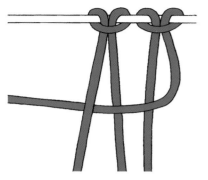

NUDO PLANO

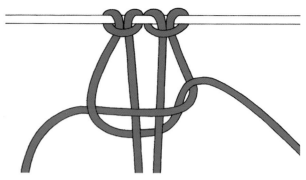

Normalmente se usan 4 hilos, pero pueden cruzarse hasta con 6 o más hilos. Comenzar con 4 hilos y mantener los dos hilos centrales bien sujetos; luego, con el hilo de la derecha, formar un anillo pasándolo sobre los dos hilos centrales y por debajo del hilo de la izquierda.

Pasar entonces el hilo de izquierda a derecha por debajo de los hilos centrales y por dentro del anillo, de abajo hacia arriba. Tirar del primer y cuarto hilos a la vez y desplazar el cruce hacia arriba.

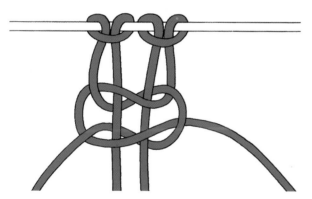

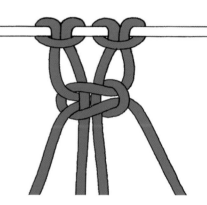

Coger el hilo de la izquierda y formar con éste un anillo, pasándolo sobre los hilos centrales y por debajo del hilo de la derecha. Pasar el hilo de la derecha por debajo de los hilos centrales y por dentro del anillo de la izquierda.

Tirar de los hilos laterales, desplazándolos hacia arriba. Muchas son las combinaciones que pueden obtenerse variando la colocación de los nudos.

PEQUEÑA CADENETA

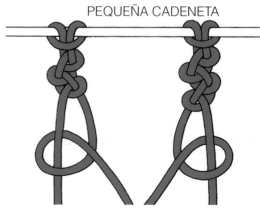

Puede obtenerse alternando simplemente nudos simples: 1 a la derecha y 1 a la izquierda.

CADENETA DOBLE

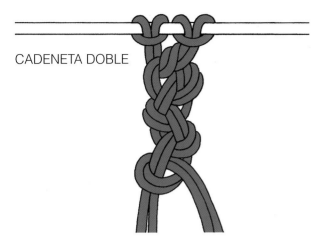

Realizarla de la misma forma que la pequeña, pero usando dos parejas de hilos o incluso más.

NUDOS PLANOS INTERCALADOS

Comenzar con un número de hilos múltiplo de cuatro y realizar una fila de nudos planos en sentido horizontal. Para la segunda línea, saltar los primeros 2 hilos y realizar una fila de nudos planos, utilizando 2 hilos que pertenecen al primer nudo plano de la línea superior y 2 hilos del nudo de la siguiente.

Después de haber realizado algunos nudos planos, doblar de delante hacia atrás los dos hilos centrales, pasando a través de los 4 hilos. Cerrar con un nudo plano manteniendo como hilos centrales a los hilos a los que se les ha dado la vuelta.

CADENETA DE TRES HILOS

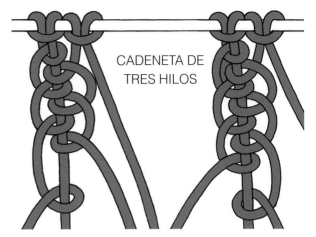

Son necesarios 3 hilos de los cuales 1, el central, permanece siempre sujeto y tenso. Sobre éste realizar nudos simples alternando una vez con el hilo de la derecha y otra con el de la izquierda.

PUNTO DE FESTÓN EN ESPIRAL

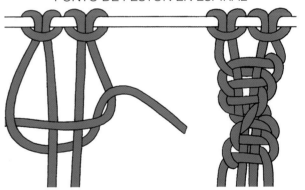

Puede obtenerse repitiendo muchas veces el primer cruce de los hilos del nudo plano.

NUDO DE BALÓN

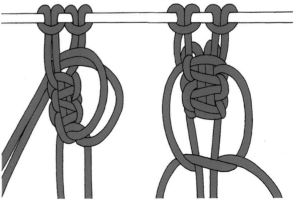

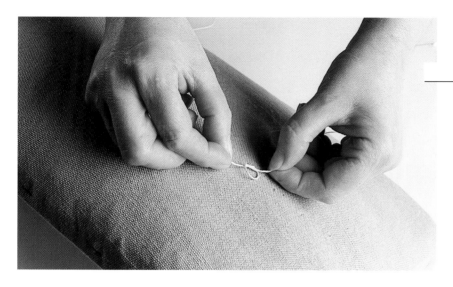

HILO DE SOPORTE Y CORDONCILLO

1 Cortar un hilo con las medidas establecidas para realizar el trabajo. Hacer al principio un pequeño nudo (dejando un cordoncillo suelto) y clavarlo al cojín con un alfiler.

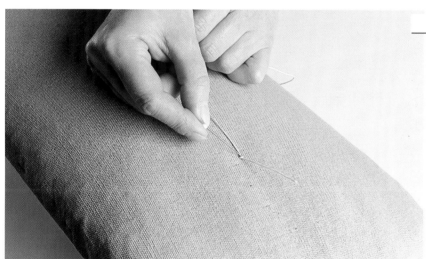

2 Tirar bien del hilo por el lado opuesto y fijarlo al tejido con un alfiler. De esta forma se habrá montado el hilo de soporte, que es la base del trabajo.

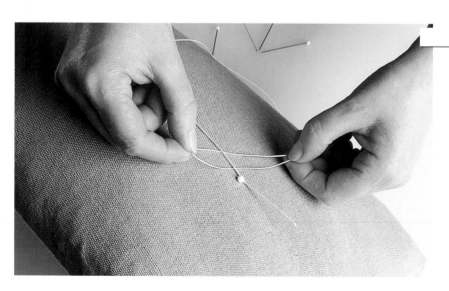

3 Cortar los hilos destinados a convertirse en hilos anudadores con las medidas establecidas. Doblar el primero a la mitad y hacerlo pasar por debajo del hilo de soporte.

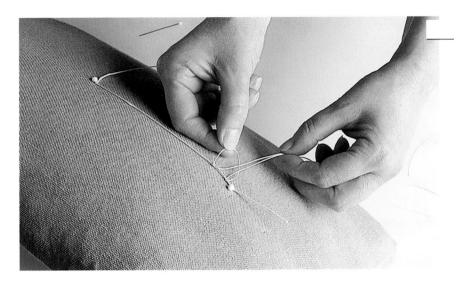

4 Enhebrar los dos extremos a través de la lazada y tirar para formar un nudo. Para realizar el cordoncillo, montar en el hilo de soporte todos los demás hilos que constituyen la base de la primera vuelta del cordoncillo.

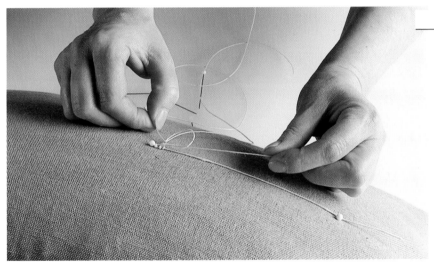

5 Fijar un extremo del hilo con los alfileres y dejar el otro libre, para sujetarlo con la mano que no trabaja. En el soporte, enrollar el primer hilo anudador: la mano izquierda sujeta el hilo de soporte bien tenso y ligeramente levantado, y la derecha enrolla el hilo anudador de abajo hacia arriba, creando una primera asa.

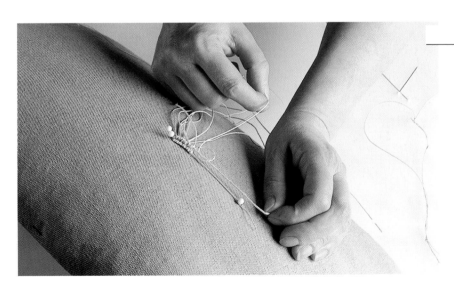

6 Repetir las operaciones creando una segunda asa; tirar bien del hilo para apretar el nudo. Hacer el mismo trabajo, paso a paso, con los demás hilos anudadores.

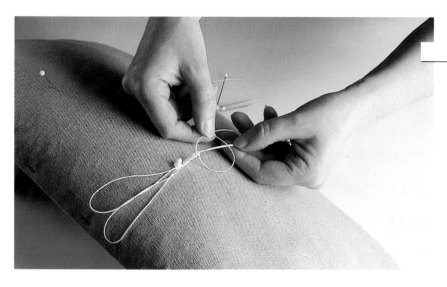

NUDO PLANO

1 En el nudo plano trabajan sólo los hilos externos, mientras que los centrales permanecen quietos. Enrollar 4 hilos en el soporte, mantener fijos los dos hilos centrales enrollándolos en el dedo anular de la mano izquierda.

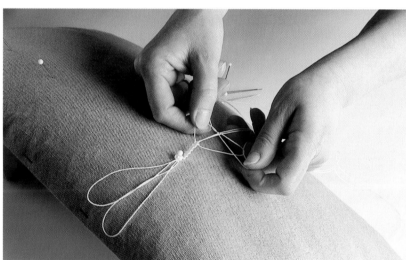

2 Llevar el hilo de la derecha sobre los dos hilos centrales formando un anillo y pasándolo por debajo del hilo de la izquierda.

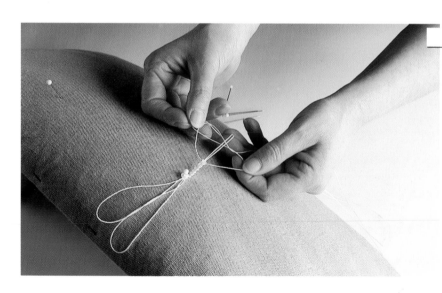

3 Hacer pasar el hilo de la izquierda por debajo de los hilos centrales y dentro del anillo formado anteriormente, de abajo hacia arriba.

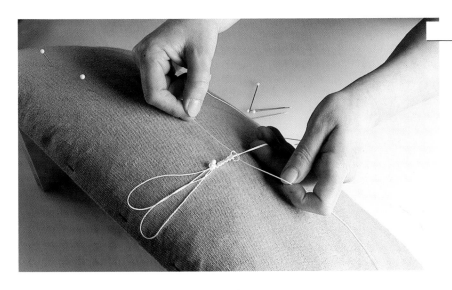

4 Tirar de los dos hilos laterales a la vez, formando un cruce que hay que desplazar hacia arriba. En este punto se habrá realizado la primera mitad del nudo.

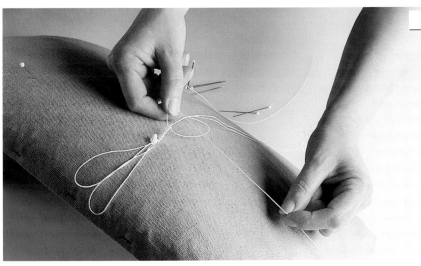

5 Pasar a la segunda fase: coger el hilo de la izquierda, formar con éste un anillo pasando sobre los hilos centrales y por debajo del hilo de la derecha. Coger ahora el hilo de la derecha, pasarlo por debajo de los hilos centrales y por dentro del anillo de la izquierda.

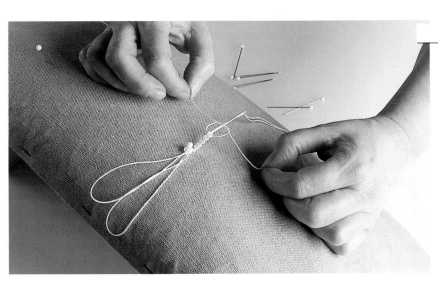

6 Tirar de los hilos laterales desplazándolos hacia arriba por debajo de la primera mitad del nudo, completándolo. Recordar que se debe tirar de los hilos siempre de la misma forma, para obtener nudos regulares y bien alineados.

NUDOS PLANOS INTERCALADOS

1 Trabajando con un número de hilos múltiplo de cuatro, realizar una serie de nudos planos en sucesión horizontal.

2 Para la segunda línea, saltar los dos primeros hilos. Realizar, por tanto, nudos planos utilizando los dos últimos hilos del primer nudo plano de la línea superior y los primeros dos hilos del segundo nudo plano, siempre de la línea superior. Continuar hasta el final de la línea.

3 En la tercera línea trabajar comenzando con los hilos que se han dejado pendientes y continuar realizando nudos planos.

*Elegantes bolsitos de cordoncillo
de seda, blanco y negro, para realizarse
con la técnica del nudo plano, intercalado
un punto que normalmente se emplea para
rellenar y para crear motivos en el interior de
un trabajo.*

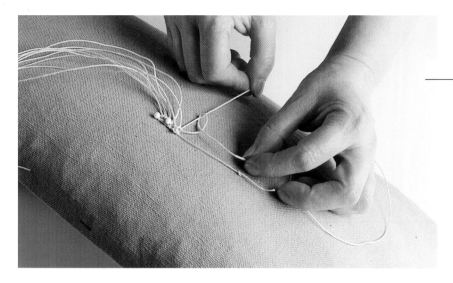

NUDO SIMPLE A DERECHA E IZQUIERDA

1 Se puede trabajar en un hilo de soporte o bien en una superficie de apoyo. Después del engarce, coger el hilo de la derecha y mantenerlo bien tenso, verticalmente, con la mano derecha.

2 Con la mano izquierda enrollar el otro hilo, en el que se ha tensado, pasándolo primero por delante, después por detrás y sucesivamente dentro del semianillo que se ha formado. Tirar bien del hilo, desplazándolo sobre el hilo tenso y cerrar el nudo. Repitiendo este movimiento, se obtendrá una costilla vertical orientada hacia la derecha.

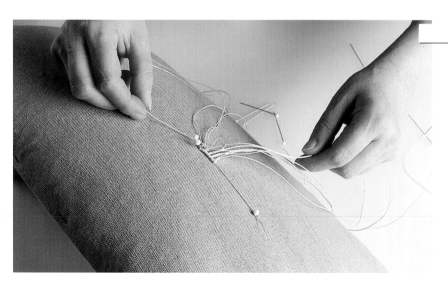

3 Para hacer la costilla de la derecha, mantener tenso y firme el primer hilo con la mano izquierda y, con la mano derecha, realizar los nudos como en el paso anterior.

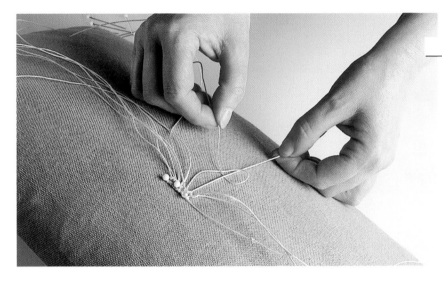

CADENETA

1 Para realizar la cadeneta simple (o pequeña cadeneta), hay que ir alternando un nudo simple a la derecha y otro a la izquierda, cambiando alternativamente el anudamiento en los dos hilos.

2 Cada vez que se realice el nudo, hay que tensar bien el hilo que no trabaja y desplazar el nudo tirando bien.

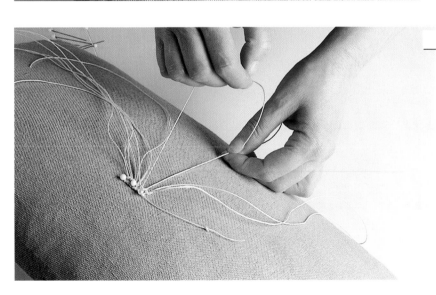

3 Para realizar una cadeneta doble, proceder de la misma forma que para la cadeneta simple, pero usando 2 parejas de hilos (o más). Estirar siempre muy bien los hilos, de forma que se obtenga un trabajo regular y compacto.

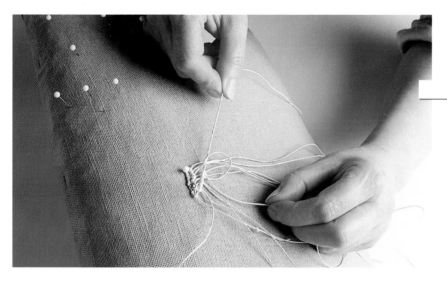

CORDONCILLO DIAGONAL DE DERECHA A IZQUIERDA

1 Enganchar una pareja de hilos pares según se quiera realizar el motivo. Después de haber realizado una línea de cordoncillo, coger el primer hilo de la izquierda de la serie y usarlo como soporte estirándolo, ligeramente inclinado, con la mano derecha.

2 Con la mano izquierda enrollar cada hilo con un nudo simple dos veces, como en el punto de cordoncillo. Realizar un cordoncillo diagonal, de derecha a izquierda, con la mitad de los hilos enganchados. Dejar pendiente este cordoncillo, manteniéndolo sujeto con un alfiler.

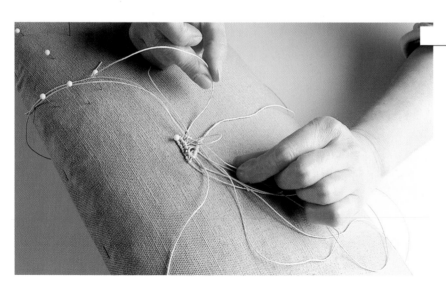

3 Coger el primer hilo de la derecha y sujetarlo con la mano izquierda, dándole la misma inclinación que al anterior. Ahora será la mano derecha la que realice los nudos del segundo hilo. De esta forma se elabora el segundo tramo del cordoncillo, hacia la izquierda.

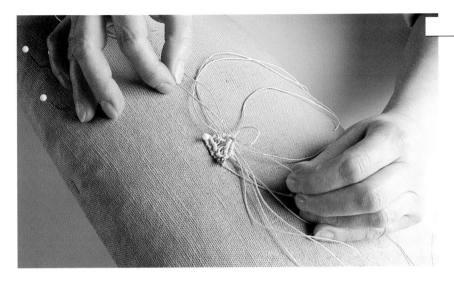

4 Ahora hay que realizar un cordoncillo paralelo al primero, orientado hacia la derecha: usar como hilo de soporte el primer hilo de la izquierda y trabajar como en el anterior. Realizar en este momento el cordoncillo paralelo al orientado hacia la izquierda.

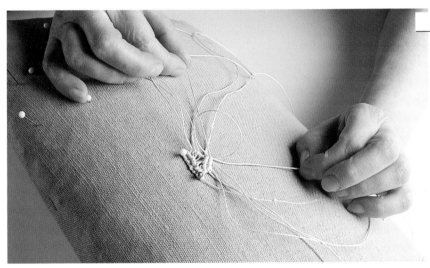

5 Una vez terminado el nuevo cordoncillo, acercar lo más posible los cordoncillos opuestos. Mantener tenso el último hilo de la derecha y hacer, finalmente, un nudo doble con el hilo de la izquierda.

Macramé con cordoncillo diagonal.

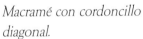

Accesorios y soportes

Los accesorios utilizados para el encaje a nudos son los mismos que los que normalmente se usan en todas las labores de bordados: cuentas, cristales, bisutería de plata y bolitas de madera, naturales o coloreadas. Los materiales de soporte pueden ser anillas, varillas de madera para colgar, botellas y cestitos de madera con la forma adecuada para ser revestidos: redondos o cuadrados en hierro lacado para realizar los llamados "cuadros de ventana" como los tan conocidos del Alto Adige. Y además, complementos necesarios para la realización de una específica elaboración, como hebillas para los cinturones y borlas para los tiradores, asas para los bolsos o pistilos para las flores y pasadores.

Nudo sobre nudo

Desde pequeños proyectos hasta las realizaciones más complicadas. Una vez aprendida la técnica de base, trabajar con los nudos; además de la satisfacción del resultado, garantiza horas de agradable pasatiempo y de verdadero relax. Las labores más sencillas resultan muy útiles para la aproximación de los niños.

Ideas para regalos

Vivos colores y variedad de diseños para estas alegres "pulseras de la amistad", así denominadas por los jóvenes. Los llaveros pueden resultar útiles para aprovechar los restos de los trabajos ya realizados.

MATERIALES

Para las pulseras:
*8 hilos de 90 cm de colores
    diferentes*
Para los llaveros:
*Hilos de algodón según gusto
    y anillas*
Tijeras
Alfileres
Superficie de apoyo

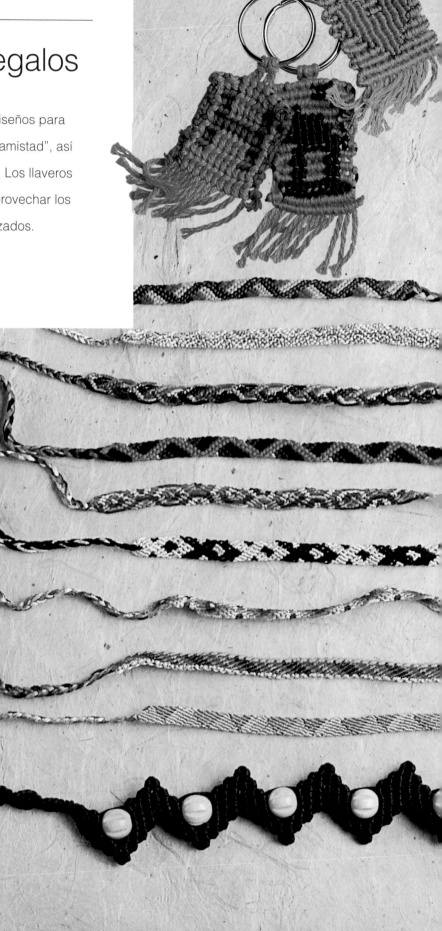

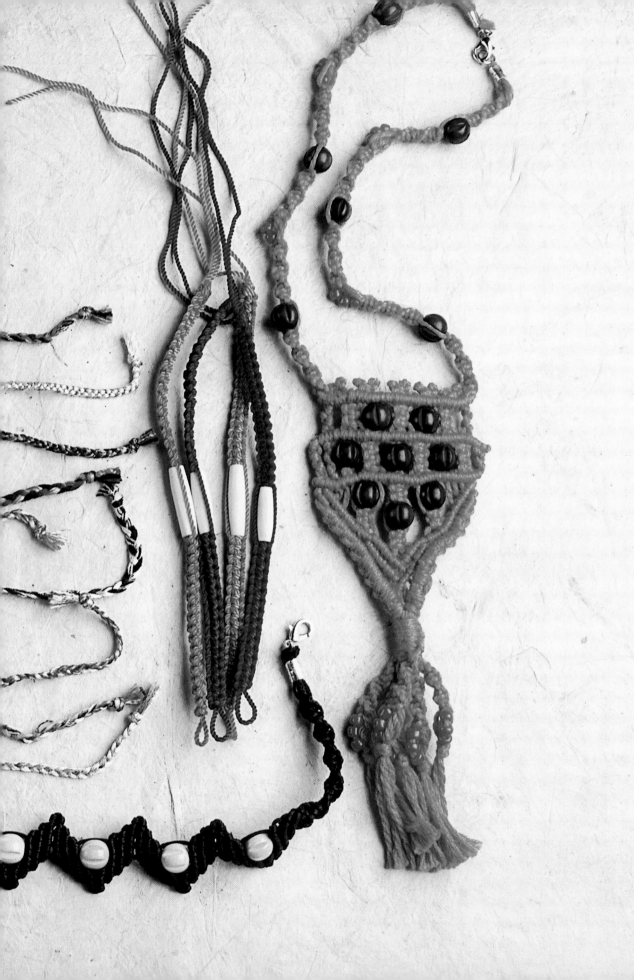

PULSERAS

1 Preparar 8 hilos de cuatro colores de 90 cm, empezar con un nudo y crear una trenza de 6-7 cm con todos los hilos. Fijarla al cojín y dividir los hilos por colores. Comenzando por la izquierda, hacer con el primer color 2 nudos de cordoncillo hacia la derecha, usando como hilo de soporte cada hilo de los colores siguientes.

2 Continuar de la misma forma con los hilos de los colores sucesivos. Una vez realizada la diagonal con todos los hilos hacia la derecha, empezar la diagonal opuesta hacia la izquierda, empezando con el primer hilo de la derecha (hilo anudador) y continuando como en la diagonal anterior.

3 Reanudar entonces el trabajo hacia la derecha haciendo siempre nudos a cordoncillo, trabajando color a color como en la base del diseño.

LLAVERO

1 Elegir un hilo del color preferido y hacer un asa; en la base, realizar un nudo apretando bien con la ayuda del otro extremo del hilo.

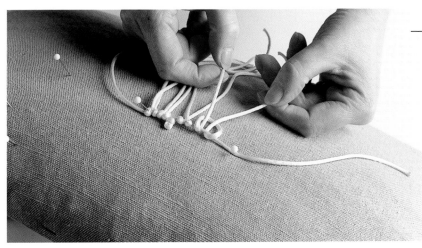

2 Sujetar el asa con un alfiler y estirar los dos extremos sobre el cojín, manteniéndolos sujetos con alfileres. Éstos serán dos hilos de soporte. Sobre éstos, enganchar los hilos anudadores y hacer la primera vuelta de cordoncillo.

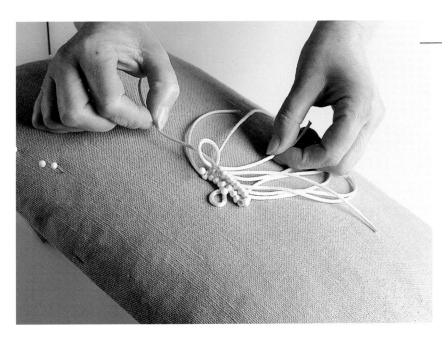

3 Coger el hilo de soporte de la izquierda y trabajar a cordoncillo horizontal hacia la derecha. Una vez se hayan terminado los hilos, coger el hilo de soporte de la derecha y trabajarlo a cordoncillo hacia la izquierda.
Para crear juegos de color, introducir un hilo de color diferente sobre el cordoncillo inicial y usar los esquemas de punto de cruz: un cuadradito vale por dos nudos.

Collar naranja

Una simpática idea para animar una camiseta.
Puede convertirse también en una verdadera
joya utilizando un hilo más valioso, como la
seda, y piedras duras, como por ejemplo el
lapislázuli.

MATERIALES

10 hilos de algodón de 3 capas
    con un largo de 110 cm
4 hilos de 200 cm como soportes
Cuentas de madera
Alfileres
Tijeras
Superficie de apoyo

1 En el centro del cordoncillo, para la gargantilla, realizar 6 ojales: doblar 6 hilos por la mitad y sujetarlos por el pliegue con los alfileres. Con los 4 extremos que se han formado en cada pareja de ojales, realizar un nudo plano. Apoyar sobre estos hilos, horizontalmente, el hilo de soporte y, sobre éste, ir anudando los hilos, uno cada vez, a cordoncillo.

Con los primeros 2 anudadores, realizar una cadeneta simple de 4 nudos. Hacer después 3 nudos planos en columna y pasar los dos hilos siguientes a través de la cuenta. Repetir hasta el final de la primera vuelta.

En la segunda vuelta de cordoncillo, añadir 4 hilos para alargar la base del triángulo. Continuar colocando cuentas y trabajando con nudos planos.

2 Para cerrar el triángulo, trabajar a cordoncillo diagonal opuesto que se cruce en el centro. Para el contorno del colgante hay que trabajar como para la gargantilla, realizando una columna retorcida de 5 medios nudos planos. Anudar los hilos que quedan en el colgante colocando cuentas. Aplicar la chafa y el cierre de la gargantilla.

Búho

El búho de la buena suerte apoyado sobre una rama que, llevado como colgante, atrae a cualquiera que se encuentre con sus simpáticos ojitos de madera. Su habilidad para realizarlo será una útil guía y, además, una agradable invitación para que lo puedan hacer también sus niños.

MATERIALES

8 hilos de bramante de 170 cm
2 hilos de bramante de 120 cm
1 hilo de bramante de 100 cm
   como soporte
2 cuentas de madera
1 palito
Tijeras
Alfileres
Superficie de apoyo

1 | Del hilo de 100 cm sacar 3 hilos de soporte y hacer el primer nudo, distanciándolo del segundo unos 5 cm, que se clavarán al cojín formando así las orejas del búho. En el hilo de soporte, entre las dos orejas, anudar 8 hilos. Doblar el primero de la derecha hacia la izquierda y, después de haber formado el doblez con un alfiler, usarlo como soporte. Continuar con el cordoncillo durante otras 4 vueltas, recordando clavar cada esquina del hilo de soporte. Una vez terminadas las vueltas de cordoncillo, coger los 4 hilos anudadores centrales para realizar el nudo de balón de la nariz. Colocar, después, en el quinto hilo del principio, tanto a la derecha como a la izquierda, una cuenta de madera para formar los ojos.

2 | Continuar con el cordoncillo, usando como soporte los 2 hilos centrales de la nariz. Después de la primera vuelta de cordoncillo diagonal para las alas, colocar por los laterales 2 hilos de 120 cm y trabajarlos a nudo simple formando una costilla externa. Continuar con el segundo cordoncillo, doblando los hilos soporte por los lados y cruzándolos en el centro. Terminar siguiendo el proyecto.

Cojín

Debe realizarse a punto egipcio este refinado cojín para la butaca del salón o para apoyar entre los cojines de la cama. Las dimensiones del que aquí se presenta son de 29 × 29 cm, pero pueden variarse según el tipo de hilo que se emplee.

MATERIALES

72 hilos de lana amarilla (o violeta)
con un largo de 150 cm
48 hilos de lana de color naranja
(o fucsia) con un largo de
150 cm
Alfileres
Tijeras
Superficie de apoyo

1 En 2 hilos de soporte montar 2 hilos amarillos, 6 naranjas, 4 amarillos. Repetir la secuencia hasta el final del hilo de soporte terminando con 2 hilos amarillos. Habrán conseguido así el margen superior. Hacer otro cordoncillo. Usar ahora el primer hilo amarillo de la izquierda, ligeramente inclinado hacia el centro, como soporte para los 4 puntos de cordoncillo. Con el hilo naranja trabajar un punto de cordoncillo hacia la derecha y uno hacia la izquierda, y seguir así con todos los hilos naranjas. En la segunda vuelta, cruzar los 2 hilos centrales y, utilizando el hilo de la izquierda como soporte, sujetarlos con un punto de cordoncillo. En la tercera vuelta, trabajar los 2 hilos laterales con un punto de cordoncillo sobre los respectivos hilos cruzados. Se irá formando así una red.

2 Para la concha central, volver a coger los 8 hilos amarillos entre las redes y realizar 2 nudos planos. Después, usar los 4 hilos que vienen del nudo plano de la izquierda como soporte y los hilos que provienen del nudo plano de la derecha como anudadores, cada uno, de un punto de cordoncillo. Cerrar la concha con otros 2 nudos planos, usar los dos laterales como soportes del cordoncillo naranja, en el cierre de los espacios y la red, y los dos hilos centrales como anudadores de dos puntos de cordoncillo en cada hilo naranja.

3 Continuar cerrando y abriendo el motivo hasta conseguir el tamaño deseado.

... y para la cintura, una joya

Las decoraciones con cuentas y cristales hacen más bonito y actual el original cinturón de algodón azul, que puede llevarse con cualquier vestido, y el cinturón crudo que puede anudarse tanto sobre la ropa deportiva como sobre unos vaqueros.

MATERIALES

Algodón retorcido cuanto se necesite
Cuentas y cristales
Cuerdecillas de perlas
Alfileres
Tijeras
Superficie de apoyo

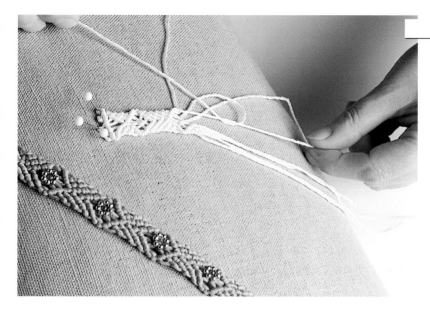

1 Doblar 4 hilos a la mitad, hacer un nudo por cada hilo, para sujetarlos al cojín. Apoyar por debajo de los nudos el hilo de soporte, sujetando con alfileres los lados, y hacer una vuelta a cordoncillo. Volver a doblar el soporte por ambos lados, de forma oblicua hacia el centro. Hacer sobre éste 4 puntos de cordoncillo por cada lado. Fijar el cruce de los dos cordoncillos oblicuos, con un punto de cordoncillo.

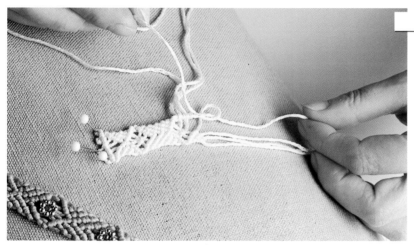

2 Coger luego el hilo anudador externo de cada lado y usarlo para el segundo cordoncillo (2 puntos), que debe ser paralelo al primero. Repetir la operación para el tercer cordoncillo oblicuo, por los lados superiores del rombo. En este punto, con los 4 hilos anudadores centrales, hacer un nudo plano.

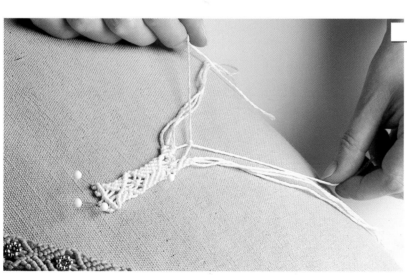

3 Continuar dando vueltas hacia el centro del hilo de soporte para hacer los otros dos lados oblicuos del rombo, siempre a punto de cordoncillo. Continuar el trabajo con cordoncillos paralelos oblicuos, de derecha a izquierda, usando como soporte los hilos externos. Aplicar las cuerdecillas de perlas en los nudos del principio.

Moda playera

Vuelve el conjunto de zuecos y bolso para
nuestro verano en la playa. Esta refinada
versión en macramé, difícil de conseguir en
los habituales puntos de venta, ha sido
creada cruzando y anudando un hilo de
bramante bicolor en delicados motivos
florales.

MATERIALES

Para los zuecos:
*4 hilos de hilo de bramante beige
    de 120 cm*
*4 hilos de bramante marrón de
    70 cm*
Aguja de lana gruesa
Alfileres
Tijeras
Superficie de apoyo

1 Para la empella, anudar sobre un hilo doble de soporte 2 hilos marrones; después, alternativamente, 4 beige y 4 marrones, terminando con 2 marrones. Trabajar entonces una línea a cordoncillo. Coger el cuarto hilo marrón de la izquierda e inclinarlo hacia la derecha, para hacer 4 puntos de cordoncillo, con los primeros 4 hilos anudadores beige. Hacer otro cordoncillo paralelo al primero, usando como soporte el tercer hilo marrón de la izquierda (mitad de pétalo). Unir con un medio nudo simple a la derecha la primera pareja de hilos beige, y con un segundo medio nudo simple a la izquierda, la otra pareja. Reanudar el trabajo con el segundo y el primer hilo marrón de la izquierda, para hacer otros dos cordoncillos y completar el pétalo.

2 Con los hilos marrones siguientes, realizar el segundo pétalo igual que el primero, inclinando esta vez el hilo de soporte hacia la izquierda. Hacer con los 8 hilos soporte marrones un nudo plano, cogiendo los hilos de dos en dos (como en la foto).
Coger el último hilo anudador beige del primer pétalo y usarlo como soporte que se doblará hacia la izquierda.

3 Realizar ahora 3 puntos de cordoncillo (si se encuentran en los bordes) o 7 (si el motivo es central), del cual los últimos 4 vienen de los hilos anudadores del pétalo de al lado. Realizar después otros 2 cordoncillos, doblando de nuevo hacia la derecha y luego hacia la izquierda el hilo de soporte. Continuar el trabajo como se ve en la imagen.

4 Trabajar los hilos finales de los bordes a punto de cordoncillo lateral, siguiendo la sucesión de los colores.

Para dar forma a la tira, con el fin de que se adhiera bien al pie, una vez terminada la flor comenzar a hacer el calado gradualmente por ambos lados. Para el montaje, después de haber terminado el trabajo, rematar bien los hilos cortando aquellos que hayan sobrado. Con una aguja gruesa con punta, coser la tira sobre la empella de los zuecos.

Con los mismos puntos también puede realizarse un bolso.

Funda para libros

Una cubierta para que puedan llevar una apasionante lectura sin estropear una sola página. Útil y al mismo tiempo refinado, parece un original regalo que se puede unir a un estuche para gafas del mismo color, realizado con los mismos motivos con nudos cruzados.

MATERIALES

Hilo de algodón para ganchillo
azul con un largo de 60 cm
Hilo de algodón para ganchillo
rojo con un largo de 50 cm
Tijeras
Alfileres
Superficie de apoyo

1 Montar sobre un hilo de soporte doble una serie de 2 hilos azules y 2 rojos, hasta completar las medidas deseadas. Trabajar una vuelta a cordoncillo. Coger el primer hilo de la izquierda como soporte y hacer 2 puntos de cordoncillo oblicuo hacia la derecha; trabajar los otros 2 hilos del mismo color, de la misma forma pero hacia la izquierda. Al final de los 2 puntos, unir los hilos en el centro con un punto de cordoncillo. Trabajar en todos los hilos, manteniendo la secuencia de los colores. Con los dos hilos anudadores laterales hacer un punto de cordoncillo en los respectivos hilos cruzados. Usar ahora los hilos rojos como soportes de 2 puntos de cordoncillo, hechos con el hilo azul, diagonales, hacia la izquierda y hacia la derecha. Repetir con el otro hilo rojo, formando dos cordoncillos diagonales paralelos.

2 Crear otra serie de cruces usando como soporte los hilos de cada lado del cordoncillo anterior. Continuar el trabajo hasta conseguir el largo deseado, terminado con 2 vueltas de cordoncillo. Sujetar los hilos, doblando hacia el interior un par de centímetros, y coser doble para crear un pequeño bolsillo en cuyo interior se colocará el libro.

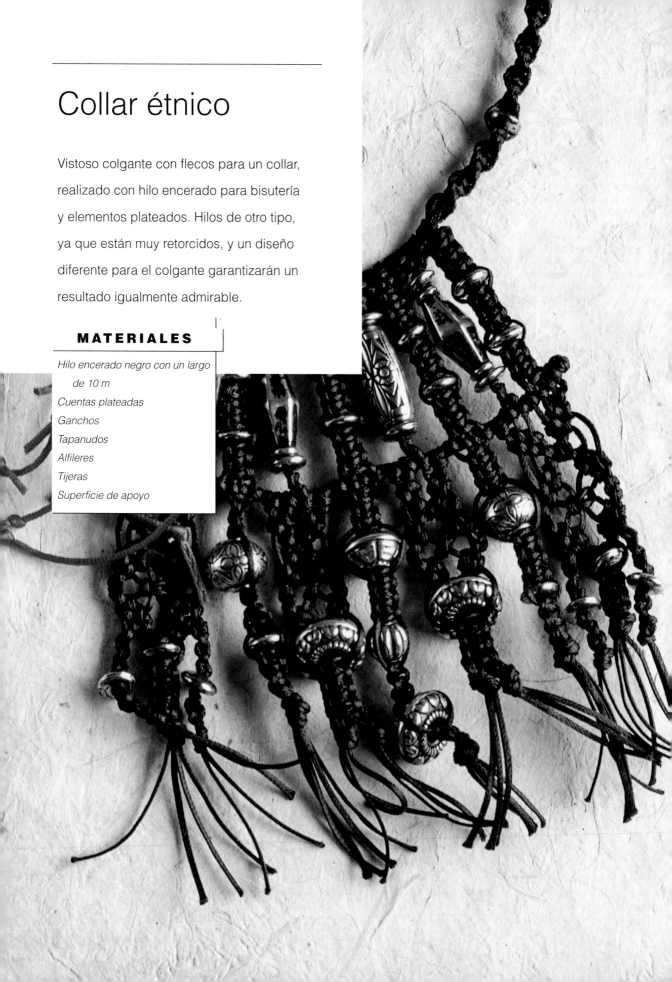

Collar étnico

Vistoso colgante con flecos para un collar,
realizado con hilo encerado para bisutería
y elementos plateados. Hilos de otro tipo,
ya que están muy retorcidos, y un diseño
diferente para el colgante garantizarán un
resultado igualmente admirable.

MATERIALES

*Hilo encerado negro con un largo
   de 10 m*
Cuentas plateadas
Ganchos
Tapanudos
Alfileres
Tijeras
Superficie de apoyo

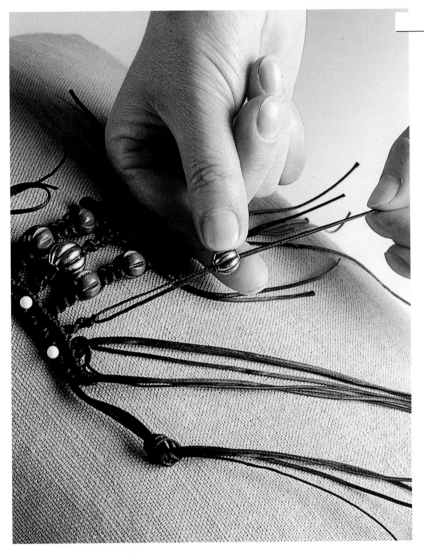

1 | Para la gargantilla colocar sobre el cojín 4 hilos de 150 cm, como hilos de soporte y, después de haber separado el centro, fijarlos con los alfileres. Anudar 7 hilos a la izquierda, con respecto al centro y 7 a la derecha. Apoyar otro doble hilo de soporte y trabajarlo a cordoncillo. Luego, con los primeros 4 hilos de la izquierda, realizar una columna de 5 nudos planos alternados. Colocar en los dos hilos centrales del nudo plano la primera cuenta, mientras los hilos laterales serán desplazados hacia los lados de la misma. Reanudar el trabajo con 5 nudos planos y una cuenta y cerrar las columnas con otros 5 nudos planos.

Comenzar la columna siguiente (como en la foto), con 2 hilos anudadores para trabajar a cordoncillo en espiral, mezclando con cuentas.

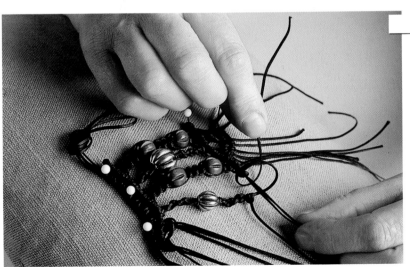

2 | En este trabajo hay que seguir alternado el soporte y los anudadores después de cada nudo simple a la derecha. Continuar la labor alternando estos dos tipos de columnas (de 4 y de 2 hilos), de forma que se puedan obtener 9. Una vez terminadas las columnas, montar un segundo hilo soporte, sujetarlo bien con alfileres y trabajar todos los hilos a punto de cordoncillo.

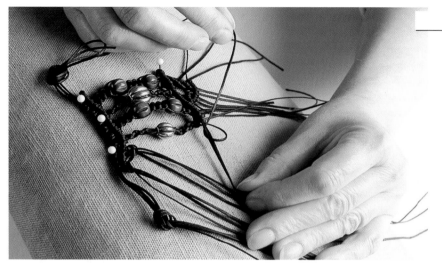

3 Durante la elaboración, montar 8 nuevos hilos como sigue: 1 después de la 2.ª columna, 1 entre la 3.ª y la 4.ª, 2 entre la 4.ª y la 5.ª, 2 entre la 5.ª y la 6.ª, 1 entre la 6.ª y la 7.ª y 1 entre la 7.ª y la 8.ª. Trabajar cruzando los hilos, utilizando el primer hilo de la izquierda como soporte de 4 puntos de cordoncillo, en diagonal hacia la derecha.

4 Repetir el trabajo creado a cordoncillo en diagonal paralelo. Cruzar en el centro las partes con un punto de cordoncillo y continuar creando una X trabajada a doble cordoncillo diagonal. Una vez terminada la X con los 4 hilos centrales, hacer un nudo plano, mientras que, con los dos hilos laterales, debe continuarse a punto de cordoncillo diagonal, paralelo a éste. Completar la columna con 3 columnitas (dos de 2 hilos y una de 4 hilos) mezclando con cuentas. Al final, cerrar con nudos y emparejar los hilos. Coger los 4 hilos de la gargantilla y trabajar una columna retorcida. Una vez alcanzado el largo deseado, montar los tapanudos para el collar y el cierre en un lado.

Con cuentas venecianas

Una elaboración sencilla para este collar al que las refinadas cuentas venecianas y la forma de los cristales transforman en una verdadera pieza de joyería.

Y, además, combinando los colores, puede obtenerse una joya del mismo color que un vestido.

MATERIALES

2 gruesas cuentas venecianas
Cristales tallados y con forma de tubo
Cristales Swarovski® de colores
Chafas
Hilo armónico
Gancho para el cierre
Tapanudos
Clavo con forma de T
2 hilos de 160 cm
2 hilos de 60 cm
Alicates cónicos
Superficie de apoyo

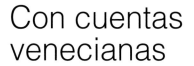

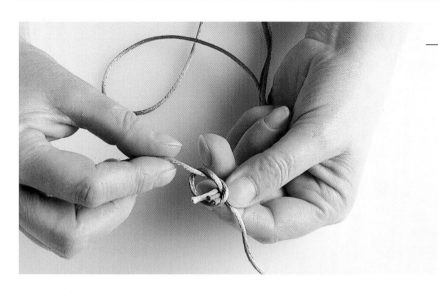

1 Para crear la gargantilla, cortar en dos el hilo de 160 cm unir los dos trozos al hilo de 60 cm. Con uno de los dos hilos más largos, a unos 10 cm del principio, hacer un nudo muy apretado, ayudándose con un alfiler para tener todo bien sujeto.

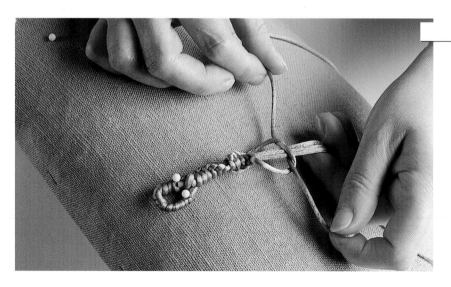

2 Enrollar uno de los tres hilos sobre los dos que quedan, con vueltas muy apretadas, unos 3 cm. Doblar para formar un asa; unir todos los hilos en la base y hacer un par de nudos a cordoncillo, uniendo y tirando bien del hilo para fijarlo. Esta asa servirá para enganchar la primera parte del gancho de cierre.

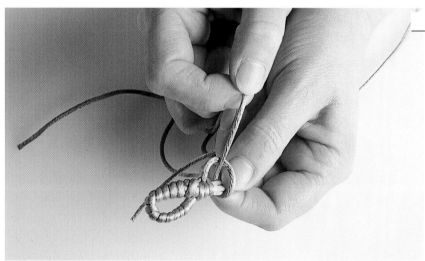

3 Trabajando a columna retorcida con 3 hilos, continuar hasta conseguir el largo deseado, insertando también cuentas según gusto (hacer pasar los hilos por el interior del hueco y, por la base de la cuenta para que no se mueva, realizar un nudo). Al final de la primera mitad de la gargantilla, antes de trabajar en el colgante, suspender la labor.

4 | Por el otro lado de la gargantilla, colocar un gancho: hacer pasar uno de los tres nuevos hilos a través del agujero del mismo y colocarlo de nuevo en el trabajo para sujetarlo. Ahora se tendrán dos hilos de soporte. Después de realizar un par de medios nudos planos, cortar la parte que sobra y trabajar entonces con tres hilos, hasta conseguir el largo deseado. Para introducir una cuenta, reunir los dos cordoncillos haciendo un par de nudos; después, unir con un clavo con forma de T y sacar los hilos a través del agujero de la cuenta. Cortar los hilos que sobren, colocar el tapanudos y hacer un enganche con los alicates cónicos. Cortar pedacitos de hilo armónico en uno de los extremos, colocar una chafa que hay que aplastar con los alicates y rellenar el hilo según gusto. Por último, colocar una nueva chafa, hacer pasar el hilo armónico a través del enganche y escachar la chafa. Hay que componer ahora un número de flecos según gusto, hasta formar un ramillete.

Flores que no se marchitan

Estas bellísimas flores son pequeñas esculturas realizadas con la técnica de los nudos. La simple elaboración las pone al alcance de todos y será muy grande la satisfacción de verlas brotar, una a una, entre sus dedos.

MATERIALES

Para una flor:

Cola de rata de varios colores
   (2 hilos de 3 m y 1 de 1,90 m)
Pistilos ya hechos
Aguja de ganchillo
Alfileres
Tijeras
Superficie de apoyo

1 Coger 2 hilos de 3 m cada uno y uno de 1,90 m; este último hay que sujetarlo al cojín con alfileres, como hilo de soporte. Encontrar el centro de los 2 hilos de 3 m y fijarlo al soporte con dos nudos a cordoncillo por cada hilo anudador.

2 Ahora, usar el primer hilo anudador a la derecha como hilo de soporte y extenderlo hacia la izquierda. Sobre éste, hacer 4 puntos de cordoncillo utilizando el hilo de soporte de la izquierda como último hilo anudador. Volver a comenzar por la derecha, utilizando como hilo de soporte el primer hilo anudador. Realizar de la misma forma el segundo y tercer cordoncillos.

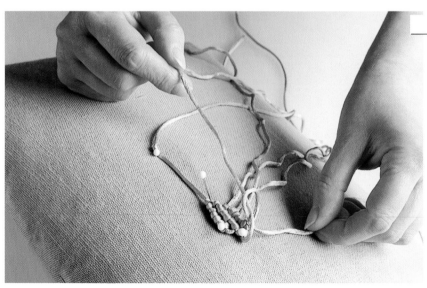

3 Para completar la primera mitad del pétalo, llevar el segundo hilo de la izquierda hacia la izquierda y hacer 2 puntos de cordoncillo. Hay que recordar siempre que el hilo de soporte de la vuelta anterior se convierte en el último hilo anudador.

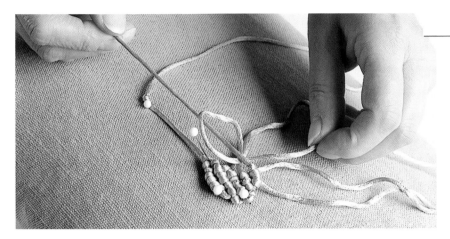

4 Realizar ahora la otra mitad del pétalo formando 1 cordoncillo de 2 nudos y de 3 cordoncillos de 4 nudos hacia la derecha. De esta forma cada hilo del extremo de la izquierda se convertirá en soporte, y cada hilo del extremo de la derecha será el último hilo anudador.

5 Una vez terminado el primer pétalo, doblar el hilo soporte hacia la izquierda y hacer 4 nudos de cordoncillo, utilizando las mismas instrucciones del primer pétalo. Continuar hasta realizar un total de 5 pétalos. Al finalizar, hacer pasar, con la ayuda de una aguja de ganchillo, el hilo de soporte de la derecha, hacia arriba y desde abajo hacia los puntos de doblez entre los pétalos.

6 Tirar de los dos extremos para unir los bordes de los pétalos. Dar la vuelta a la flor y, con la ayuda de una aguja de ganchillo, hacer pasar uno o dos hilos terminales entre los nudos laterales del primer pétalo. Colocar en el interior los pistilos y unas cuentas para crear el centro de la flor. Reunir todos los cordoncillos y unirlos con nudos planos o con una cadeneta simple.

Ideas con flores

Las flores se prestan a infinitas aplicaciones. Son una idea nueva para sujetar el tul de unas bolsitas de caramelos, cambiando el color según las ocasiones: azul o rosa para el nacimiento de un niño, blanco para una boda, rojo para una graduación.

Embellecen la mesa en las fiestas, pueden usarse como señala-asientos o servilleteros, para ser después regaladas a los comensales como recuerdo de su hospitalidad. Y, además, encuentran un espacio entre los complementos (en bolsos y sombreros) y en los peinados de las más jóvenes: aplicados en sus pinzas para el pelo o pasadores, adquieren gracia para llevarlos con desenvoltura.

PASADORES

1 Después de haber realizado flores y hojas de diferentes colores y tamaños, coger un pasador y, sobre la parte plana, enrollar con un par de vueltas las cuerdecillas de las flores, manteniéndolas bien sujetas por el derecho del pasador.

2 Reagrupar todos los hilos juntos, utilizando sólo los 2 extremos para anudar y manteniendo los otros como hilos de soporte. Realizar un par de nudos planos completos hasta formar un bastoncillo.

3 Emparejar los hilos y ya está el pasador listo para sujetar el pelo. Para las pinzas y pasadores con muelles, basta con encolar las flores con cola de calor.

BOLSITAS PARA CARAMELOS

1 Coger unos centros de tul de tamaños diferentes, colocarlos el uno sobre el otro, poner los caramelos en el centro y pasar diferentes cintas entre los caramelos. Unir los centros de tul creando una especie de hatillo, alargar los extremos para dar volumen.

2 Preparar una flor. Hacer un lacito con las cintas que se han colocado anteriormente.

3 Colocar al final vuestra bonita flor, con su cola de hilos, sujetándola bien al lacito.

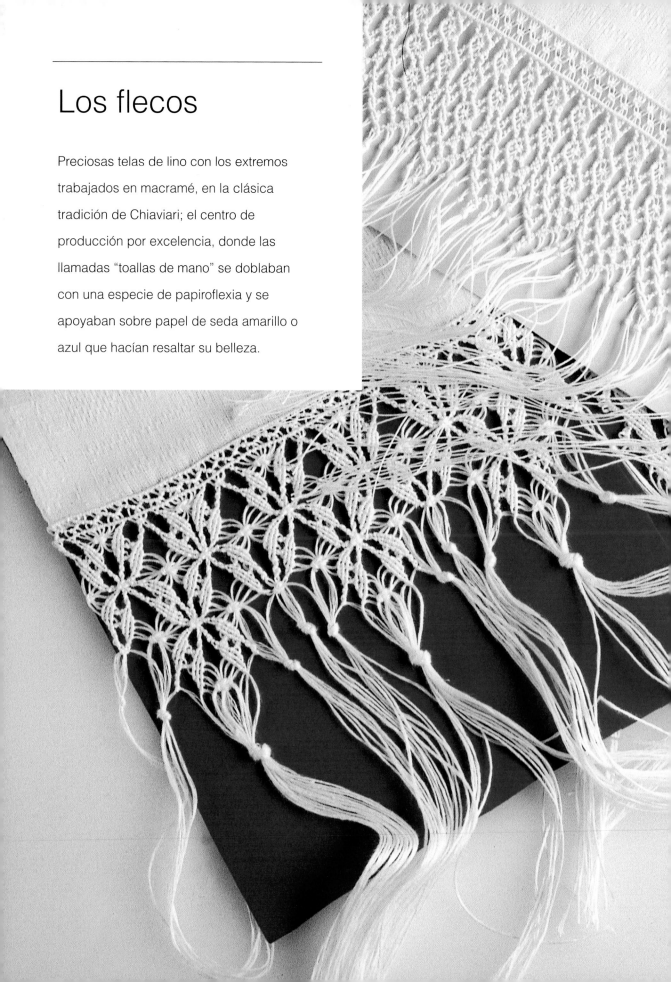

Los flecos

Preciosas telas de lino con los extremos
trabajados en macramé, en la clásica
tradición de Chiaviari; el centro de
producción por excelencia, donde las
llamadas "toallas de mano" se doblaban
con una especie de papiroflexia y se
apoyaban sobre papel de seda amarillo o
azul que hacían resaltar su belleza.

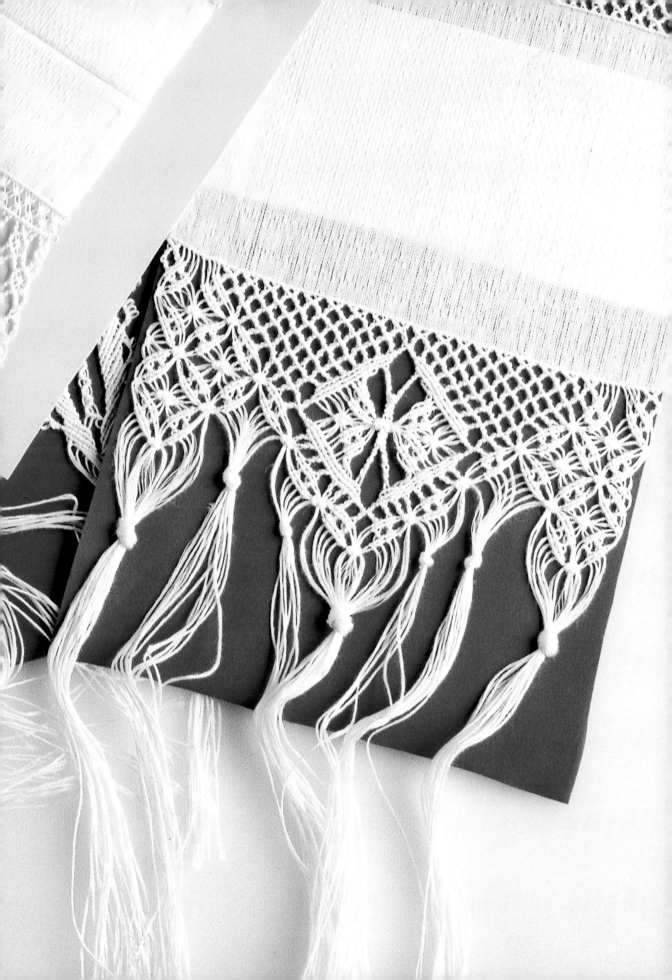

Tejidos y herramientas

Las telas más indicadas para labores de macramé son las de lino.

En las tiendas existen telas con flecos ya preparados para ser anudados: en este caso, es necesario preparar solamente los hilos para realizar el encaje. Por lo general, puede adquirirse la tela de varias medidas; hay que recortarla al tamaño deseado (normalmente, con forma rectangular para toallas de mano y toallas de baño) y hay que prepararlas, deshilando los lados cortos, para la elaboración de los nudos.

Pocas, pero indispensables, son las herramientas:

Alfileres: grandes, de acero.

Agujas de ganchillo: de diferentes tamaños, sirven para montar los hilos en el hilo de soporte, para colocar los hilos en la tela o para unir las partes del trabajo.

Tijeras: preferiblemente las angulares, para bordados, bien afiladas.

Cinta métrica: para medir perfectamente el largo de los hilos.

Regla: útil para nivelar los flecos.

Peine: de metal, plástico o madera para alinear los flecos antes de cortarlos.

Cartoncillos o bolillos: para enrollar los hilos muy largos que, durante la elaboración, podrían estropearse y enredarse entre sí.

TRATAMIENTO DE LOS FLECOS

1 Si se tiene a disposición un tejido ya equipado con los flecos, hay que sujetarlo a la superficie de soporte. Para evitar que se mueva hay que clavarlo bien con los alfileres, complicando las primeras fases de la preparación.

2 Alinear bien todos los hilos y, si fuese necesario, peinarlos. Dividir luego los hilos en grupos de 6 y mantenerlos separados con los alfileres.

Durante la división de los grupos, sería recomendable contar cada vez los hilos para no encontrarse que al final sobran.

Si se encuentra con hilos dispares, se pueden retirar y mantenerlos aparte con los alfileres, para colocarlos luego en el cordoncillo de base y, después de algunos nudos, cortarlos.

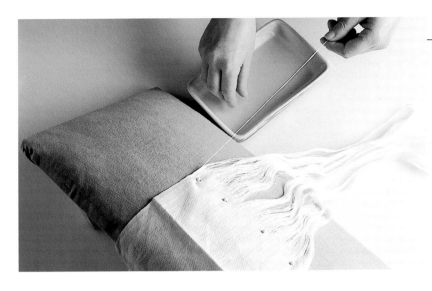

3 Preparar un recipiente con agua y una pequeña cantidad de almidón. Humedecer las manos.

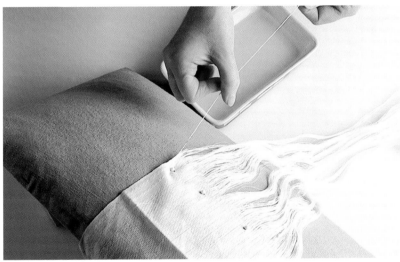

4 Coger el primer grupo de hilos y, con las manos humedecidas, retorcerlos sobre sí mismos.

5 Una vez terminada la preparación, los flecos deben presentarse retorcidos, de forma que los hilos parezcan finos cordoncillos.

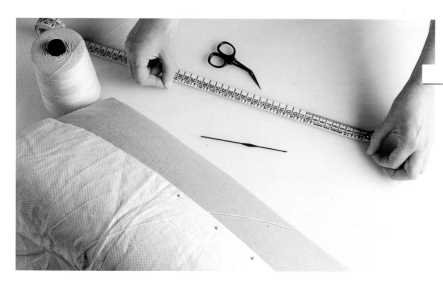

COLOCACION DE LOS FLECOS EN LA TELA

1 En el caso de que se deban colocar los flecos en la tela, calcular el hilo necesario con respecto al largo establecido para los flecos a realizar, multiplicándolo por cuatro si el hilo se utiliza simple, o por ocho, si el hilo se utiliza doble.

2 Sujetar la tela en la superficie de soporte con la ayuda de los alfileres. Doblar en dos el hilo para los flecos; colocar, de arriba abajo, la aguja de ganchillo en el tejido y tirar del hilo formando una lazada.

3 Pasar los dos hilos por la lazada, de arriba abajo, y tirar para formar un nudo. Si el hilo de soporte es corto, se puede alargar colocando sobre éste un nuevo hilo y sujetándolos con cola. Si se rompiese o estropease el hilo anudador, bastaría con deshacer la torsión de un hilo sobrepuesto, de los nuevos hilos, enrollándolo y humedeciéndolo otra vez con agua y almidón.

4 Si resulta que los flecos quedan muy largos, para conseguir una buena realización del trabajo, y no pudiéndose cortar nada hasta que éste no se haya terminado, es necesario peinar bien los flecos y nivelarlos.

5 Para que, mientras se trabajan los flecos, no se enreden entre ellos, hay que coger un solo hilo y enrollarlo sobre utensilios para enrollar hilos (bolillos o un simple pedazo de cartoncillo), para desenrollarlo cuando sea necesario.

Toallas con flecos

Estaban ya en los ajuares del siglo XIX y a
principios del siglo XX, y vuelven a nuestros
días con todo su esplendor, suscitando
notas de recuerdos nostálgicos. El modelo
que aquí se ilustra, paso a paso, se ha
realizado con unos flecos de un metro de
largo.

MATERIALES

Tela de lino con flecos
Tijeras
Alfileres
Superficie de apoyo

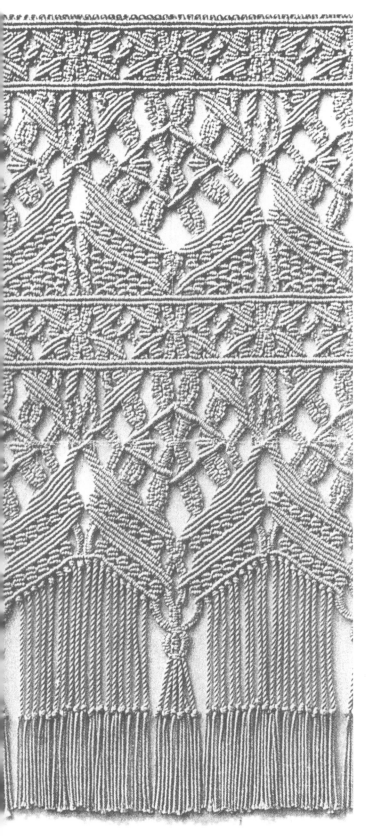

Coger un número de hilos, múltiplo de 24, que formarán 48 tiras de 1 m de largo y, con un doble soporte apoyado en el borde de la tela, hacer un cordoncillo. Con los primeros 4 hilos de la izquierda, hacer una columna de 9 nudos planos alternados; con los 4 hilos siguientes, realizar la primera "S" hacia la izquierda: coger los últimos 2 hilos como soporte, que deberán doblarse 3 veces en direcciones opuestas, y los primeros 2 hilos hay que utilizarlos como anudadores de 2 puntos de cordoncillo, sobre cada segmento de la "S".

Coger otros 4 anudadores en parejas y hacer un nudo simple; después, con el último hilo de la izquierda que se utilizará como soporte, hacer un cordoncillo diagonal hacia la izquierda de 7 nudos, de los cuales, 3 vendrán de los hilos anteriores y 4 de los hilos de la "S". Hacer un cordoncillo diagonal, paralelo al primero, terminándolo a 18° del nudo derivado del soporte del cordoncillo superior.

Con un nudo simple, unir el soporte del cordoncillo diagonal al último hilo de la izquierda de la primera columna. Continuar las columnas con 9 nudos planos alternados. Repetir la primera parte del trabajo, invirtiendo la dirección y la sucesión de las columnas y de la "S".

Con los primeros 2 hilos de arriba, bajo la 1.ª pareja de cordoncillos diagonales, hacer una cadeneta de 3 nudos. Hacer lo mismo en el otro lado, continuando así con un doble cordoncillo diagonal de 3 puntos.

Con los 2 hilos de la izquierda y los 2 de la derecha, hacer 2 columnas de cadeneta pequeña, de 3 y 4 nudos respectivamente, de forma que se termine la X central.

Con los hilos de la parte inferior, por debajo del doble cordoncillo diagonal, hacer una "S" en cada lado, siguiendo el sentido de las anteriores.

Volver al soporte de la 1.ª pareja de cordoncillo diagonal y, después del nudo, hacer un doble cordoncillo diagonal hacia la derecha, usando como anudadores el último hilo del primer grupo de cordoncillos, los 3 hilos de la "S" y los 2 hilos de la columna de la cadeneta pequeña. Por debajo del cordoncillo hay que hacer un nudo en el sentido y orden de sucesión, formando así un rombo abierto. Continuar con 2 columnas de 4 hilos cada una, de 9 nudos planos alternados, que hay que unir con un nudo plano con hilos dobles. Unir ahora el cordoncillo diagonal superior, izquierdo anterior, al derecho siguiente, como indican las instrucciones anteriores y terminar con 2 columnas de 9 nudos, continuando a lo largo de todos los flecos y cerrando esta primera parte del trabajo con un cordoncillo doble, después de añadir los dos soportes.

Para comenzar el motivo principal, hay que coger los primeros 4 hilos de la izquierda y hacer un cordoncillo diagonal hacia la derecha de 3 puntos, usando como soporte el primer anudador. Hacer otros 3 cordoncillos diagonales, paralelos al primero, dividir los hilos en parejas y realizar 2 columnas de cadeneta pequeña, de 8 hilos cada una. Con los siguientes 4 anudadores, hacer una columna retorcida de 8 medios nudos, continuar con una "S" hacia la derecha, con base de 4 hilos; luego, hacer con los 4 hilos siguientes un cordoncillo diagonal, hacia la izquierda, de 11 nudos. Repetir otros 2 cordoncillos paralelos al primero; luego, con los últimos 4 hilos de la izquierda, hacer un cordoncillo doble diagonal paralelo de 3 nudos que, al final, continuarán usando los 4 anudadores que vienen de las cadenetas pequeñas. Continuar por la parte inferior con otros 2 cordoncillos paralelos. Con los primeros 8 hilos, por debajo del 1.er cordoncillo diagonal, hay que hacer un nudo plano con hilos dobles y, después, 2 columnas, cada una de 7 nudos planos alternados y terminar con un nudo plano de 8 hilos. Con los últimos 4 hilos hacer

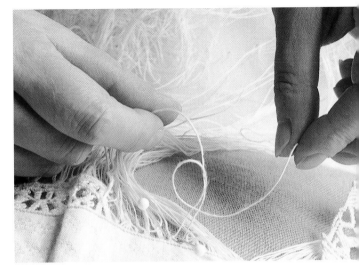

otra columna de 7 nudos planos alternados.
Coger ahora 8 nuevos anudadores y realizar otro
grupo de columnas de 8 nudos. Repetir con los
siguientes 8 hilos. Saltar 4 anudadores y repetir las
instrucciones de las "S" y de la columna retorcida;
luego, con los 4 hilos que se han saltado, hay que
realizar un cordoncillo triple oblicuo hacia la
derecha y continuar así, siguiendo las instrucciones
anteriores.

Continuar con una columna (4 hilos de 4
cordoncillos diagonales paralelos, hacia la
izquierda), que se bifurca en 2 columnas de
cadeneta pequeña, de las cuales, la derecha, se
cruza con la izquierda de la columna siguiente,
igual, pero con dirección diferente. Reanudar el
trabajo de los grupos de columnas como en el
lado opuesto. Para comenzar el rombo cerrado,
cruzar entre sí los 2 hilos centrales de los 2 grupos
centrales de columnas y usarlos como soportes de
puntos a cordoncillo diagonal, con direcciones
opuestas. Unir con un nudo simple el soporte con
el hilo de la última columna de nudos planos a
los lados. Hacer, ahora, los lados de la X central,
del futuro rombo, con columnas de 8 hilos, de 6
nudos planos alternados, que deberán unirse en el
centro con un nudo plano con hilos dobles.
En los dos extremos internos del rombo, hacer
una "S" de 4 segmentos y 8 hilos, usando 4 hilos
como soportes. Continuar con los cordoncillos
diagonales, que se cruzan en el centro cerrando el
rombo y con la serie de columnas como en la
parte superior del rombo.

Volver al soporte de los grupos de cordoncillo
diagonal y, en el borde, girarlo hacia el interior del
trabajo continuando con los segmentos de
cordoncillo diagonal, respectivamente, de 3 puntos
para los 2 cordoncillos, de 15 puntos para los 2
siguientes cordoncillos y, finalmente, de 23 para
los 3 últimos cordoncillos inferiores. Para hacer
esto, hay que usar los anudadores de las

respectivas columnas superiores, mientras que, en el interior del trabajo, los soportes se cruzan continuando de forma especular la elaboración del cordoncillo como indican las instrucciones anteriores.

Bajo la serie de los cordoncillos, por cada lado hacer 7 "S" (de las cuales, una, con 2 y las otras, con 3 hilos), dirigidas hacia la derecha por un lado y hacia la izquierda por el otro. Con los últimos 4 hilos centrales de cada lado, hacer una X con columnas de 3 nudos planos alternados, enlazar con un nudo plano de hilos dobles.

Por debajo de las "S", hacer un cordoncillo doble diagonal, paralelo al anterior, usando como últimos anudadores los que vienen de los brazos de las X. Con los primeros 4 hilos de la izquierda, hacer una columna retorcida de 15 medios nudos. Continuar con 6 series de "S", comenzando con 7 segmentos hasta llegar a 2. Repetir en el otro lado. Finalizar con un cordoncillo doble. Siguiendo el modelo, repetir esta elaboración finalizando los flecos con algunas variaciones. Bajo la primera serie de "S", hacer un cuádruple cordoncillo diagonal, después de la segunda serie de "S", como en la primera; finalizar con un cordoncillo diagonal inferior.

En los lados y en el centro, hacer columnas de 3 hilos de nudos simples, en el mismo sentido, que deben unirse en el centro, en una columna de 6 hilos de 7 nudos planos alternados.

Enlazar con un nudo plano de hilos dobles las otras 2 columnas de 12 nudos simples, de los cordoncillos diagonales opuestos; hacer una columna central de 7 nudos planos alternados y 2 columnas laterales de 8 nudos simples, para unirlas con un nudo plano de 12 hilos.

Finalizar con un nudo de lazada en cada pareja y retorcer los dos extremos con cierto largo; hacer un nudo de lazada, dejando unos 3 cm de flecos libres antes de cortar los hilos.

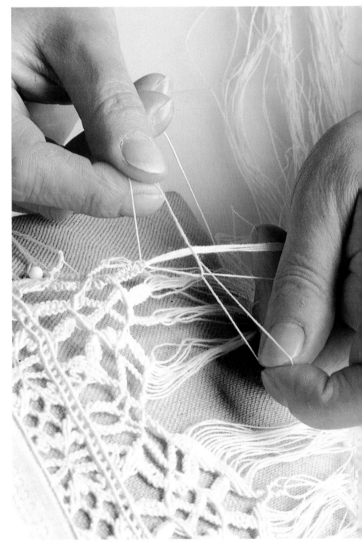

Pañitos bordados

Las telillas de lino trabajadas con macramé son perfectas para confeccionar bomboneras, que nada tienen que envidiar a las de cerámica y las de plata. Abiertas se transforman en centros de mesa o servilletitas, que reavivan en el tiempo el recuerdo de un momento especial.

MATERIALES

Telillas de lino
Tul para bomboneras
Cintas de colores
Caramelos
Florecillas de tela
Tijeras
Alfileres
Superficie de apoyo

1 Sobre un soporte doble, montar un número de hilos múltiplo de 12, hacer una primera vuelta de punto de cordoncillo, insertando un segundo soporte doble. Con el 3.er hilo de la izquierda, hacer un nudo simple con costilla hacia la derecha sobre los primeros 3 hilos, y un segundo nudo simple hacia la derecha, cogiendo también el 4.º hilo.

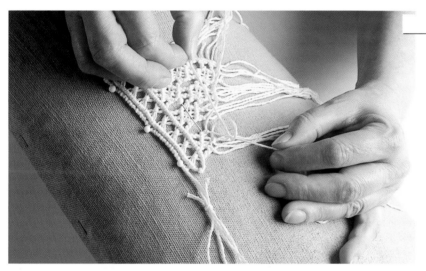

2 Mantener unidos los nudos y distanciarlos del cordoncillo superior. Hacer otro cordoncillo insertando un soporte doble.
Comenzar una serie de columnas de 2 hilos de cordoncillo, haciendo la primera con un punto de cordoncillo hacia la derecha. Cambiar después los hilos y hacer otro punto de cordoncillo hacia la derecha.

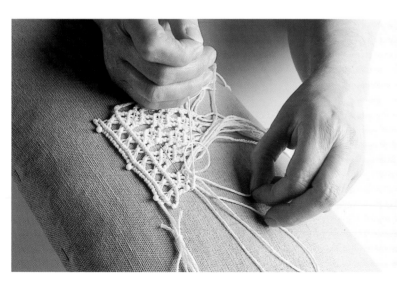

3 Se habrá creado así un cordoncillo retorcido. La 2.ª columna hay que realizarla con un punto de cordoncillo a la derecha. La 3.ª con un punto de cordoncillo hacia la izquierda y, la 4.ª, con uno hacia la izquierda y luego cambiar los hilos con otro punto de cordoncillo hacia la izquierda. Continuar repitiendo las instrucciones de la 1.ª a la 4.ª columna hasta que se terminen los hilos.

Coger los 2 hilos centrales (el 4.º y el 5.º de la izquierda) de cada grupo de columnas, unirlos con un punto de cordoncillo hacia la derecha y usarlos como soportes de 3 puntos de cordoncillo oblicuo por cada diagonal para comenzar los rombos. Con los 4 hilos centrales de cada grupo hacer un nudo plano y, con los que sobran, continuar el contorno de los rombos a cordoncillo, doblando el soporte de derecha a izquierda y el de la izquierda hacia la derecha. Terminar los rombos con 3 puntos de cordoncillo por cada diagonal, cerrándolos con un punto de cordoncillo hacia la derecha. Hacer otra serie de columnas retorcidas de 2 hilos a cordoncillo: las primeras 2 retorcidas hacia la izquierda y las otras hacia la derecha. Comenzar una 2.ª vuelta de rombitos alternando con los primeros, usando los hilos de las 2 columnas de la derecha de un rombo y de las 2 de la izquierda del siguiente. Ir alternando vueltas de rombos y columnas.

Bufanda de lana

Una cálida prenda para el invierno
trasformada en elegante accesorio por sus
refinados flecos realizados en macramé.
Sobre un abrigo negro o colocada sobre
los hombros para cubrir un elegante
vestido sin mangas, os recordarán por su
clase.

MATERIALES

*Bufanda de lana comprada
hecha o realizada a mano
Cordoncillo de lana, cuanto sea
necesario
Tijeras
Alfileres
Superficie de apoyo*

1 Una vez calculado el tamaño de la labor terminada, anudar con una aguja de ganchillo un múltiplo de 10 hilos. Insertar un soporte doble, justo bajo el borde y, con los 20 hilos montados, hacer una vuelta de cordoncillo. Puede realizarse aquí un primer borde decorativo, introduciendo otro soporte doble y haciendo otra vuelta de cordoncillo. Coger ahora el 5.º hilo de la izquierda y usarlo como soporte para un cordoncillo diagonal hacia la izquierda con los anteriores 4 hilos. Girar el soporte hacia la derecha y realizar otra vuelta a cordoncillo. Continuar con otras 2 vueltas de cordoncillo, separándolos para crear así una doble "S", inclinada hacia abajo a la izquierda. Saltar 8 hilos y hacer con los siguientes 5 una doble "S" inclinada hacia abajo a la derecha. Ahora, usar el 6.º hilo de la izquierda como soporte y, los siguientes 3 hilos, como anudadores de un cordoncillo en diagonal hacia la derecha.

Hacer un cordoncillo paralelo al primero, usando el primer hilo de la izquierda como soporte. Repetir ahora los 2 cordoncillos diagonales, esta vez hacia la izquierda, con los 4 hilos siguientes.

2 Cruzar los hilos centrales con un punto de cordoncillo hacia la derecha y, con los hilos soportes, hacer una columna retorcida hacia la izquierda y otra hacia la derecha (las columnas hay que construirlas con un punto de cordoncillo oblicuo y, después, cambiar el soporte con el hilo anudador, de un segundo punto de cordoncillo). Ahora, con los 32 hilos que quedan por cada lado, realizar 2 columnas retorcidas en el mismo sentido que las centrales. Con el soporte de estas columnas, hacer un cordoncillo diagonal hacia abajo, a la izquierda y a la derecha, usando como primeros hilos anudadores los soportes de las "S", y por tanto, todos los 5 hilos anudadores por cada lado. Hacer un cordoncillo diagonal paralelo al primero, usando el 1.er hilo hacia el centro como soporte. Al final del segundo cordoncillo diagonal, con los 2 soportes, hacer por cada lado una columna retorcida en el mismo sentido que la central. Por debajo de cada pareja de cordoncillos hacer, en cada pareja de hilos, un punto diagonal hacia la izquierda por el lado izquierdo y hacia la derecha por el lado derecho (semicolumnas).

3 Volver a las columnas centrales y hacer una pareja de cordoncillos en diagonal, usando como anudadores los hilos de las 3 semicolumnas.

Terminar con una columna retorcida. Hacer otra vuelta de semicolumnas: cruzar los soportes de las centrales con un punto de cordoncillo hacia la derecha y continuar con otra pareja de cordoncillos diagonales. Cerrar el triángulo con un nudo plano, usando los 4 hilos centrales y, para redefinirlo, hay que volver a comenzar desde las primeras columnas retorcidas de los cordoncillos diagonales a hacer un cordoncillo con asitas. Para las asitas, coger el primer hilo de la 2.ª columna retorcida y, usándolo como soporte, hacer un punto de cordoncillo con el segundo hilo anudador de la columna de arriba. Por lo tanto, hay que girar el soporte de modo que se forme un asita, realizar un segundo punto de cordoncillo con el mismo hilo anudador. Insertar en el cordoncillo un hilo que viene del asita y usar otro hilo para hacer un punto de cordoncillo.

Mantel de lino

El centro de este mantel de lino, definido por
una delicada vainica, se ha embellecido con
cuatro piezas de macramé aplicadas a punto de
cordoncillo. El tejido que hay debajo ha sido
recortado después para crear la transparencia.

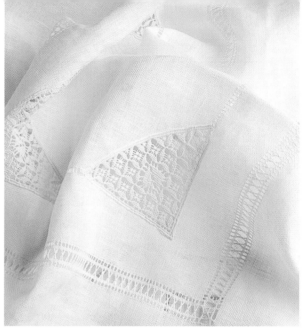

MATERIALES

Mantel de lino de 90 × 90 cm
Cordón marfil n.º 50
Hilo de bordar marfil n.º 35
Tijeras
Aguja
Alfileres
Superficie de apoyo

1 Para los flecos usar un
número de hilos,
múltiplo de 6, y hacer un
cordoncillo con el soporte en
el borde de la tela. Usar el 1.er
hilo de la izquierda como
soporte y los 3 hilos
siguientes como anudadores
de 3 puntos a cordoncillo,
en diagonal hacia la derecha.
Con los 4 anudadores
siguientes, hacer un nudo
plano. Con los 2 hilos de la
izquierda de éste continuar el
cordoncillo en diagonal, con
otros 2 puntos. Usar el 1.er
hilo de la izquierda para otro
cordoncillo, paralelo al
primero, y utilizar el soporte
del cordoncillo superior como
último anudador. Repetir lo
mismo para otro cordoncillo.
Una vez terminado el 1.er
grupo de 3 cordoncillos
diagonales con las mismas
instrucciones, hacer un grupo
de 3 cordoncillos diagonales
hacia la izquierda.

2 Cerrar los dos grupos de cordoncillos cruzando los soportes con un punto de cordoncillo hacia la derecha. Continuar con los grupos de cordoncillos y nudos planos hasta que se terminen los hilos. En la segunda línea, con los 2 hilos más altos que vienen de cada lado de las semi X, hacer un nudo plano bajo el cual hay que realizar otros 2, cogiendo 2 nuevos hilos del lado de las semi X y 2 del nudo superior. Terminar con un último nudo plano, realizado con los 4 hilos centrales.

3 Finalizar las X con otros 2 grupos de 3 cordoncillos diagonales, usando como soporte los 2 hilos cruzados anteriormente y, como anudadores, primero el último hilo del grupo superior correspondiente y, luego, los 4 hilos laterales de los nudos planos. Para el motivo central, hay que realizar una serie de cordoncillos diagonales paralelos, unidos por 2 nudos planos.

Un pícaro top

Refinado lino para el top, con un encaje realizado en macramé, que puede llevarse solo para resaltar magníficamente el bronceado veraniego de la cara y los hombros, o bien debajo de una chaqueta, para atraer las miradas hacia el escote.

MATERIALES

Tejido ligero de lino en el color deseado, cuanto sea necesario
Hilo de algodón o seda del mismo color
Hilo de coser
Elástico
Tijeras
Alfileres
Superficie de apoyo

1. Para realizar el entredós puede trabajarse de dos formas: deshilar el tejido donde sea posible y trabajar con estos hilos, o bien hacer aparte el encaje de nudos y, después, aplicarlo al hueco con pequeños puntos.

Si se desea trabajar en el tejido, es necesario deshilar unos 40 cm de tela. Dividir los hilos en grupos de 16 y, después de haber sujetado 2 soportes, realizar dos cordoncillos paralelos. Realizar una red a punto de cordoncillo (v. Cojín en la pág. 38) y, siguiendo el modelo, comenzar desde la base de la primera X con el soporte y hacer un cordoncillo diagonal, hacia la derecha, de 7 nudos realizados con los anudadores que vienen de la red. Coger cada vez el 1.er hilo de la izquierda y realizar otros 2 cordoncillos diagonales, paralelos al primero, utilizando el soporte del cordoncillo superior como último anudador. Realizar otro grupo de 3 cordoncillos diagonales, en sentido opuesto, comenzando desde la base de la 5.ª X.

2 Terminar la semi X con un punto a cordoncillo hacia la derecha.

En el lado de cada grupo de cordoncillos deben encontrarse 6 hilos que podrán usarse para realizar 2 serpentinas. Coger los últimos 3 hilos y usar el primero de éstos como hilo anudador de un punto de cordoncillo, hacia la izquierda sobre los 2 hilos de soporte. Sujetar y dar la vuelta a los soportes. Realizar otro punto a cordoncillo hacia la derecha. Continuar durante otras cuatro veces, girando los soportes. Ahora, coger los 3 primeros hilos y, siguiendo las instrucciones anteriores, realizar una serpentina más grande. Hay que recordar que la elaboración de la 3.ª serpentina grande, hacia la izquierda, después del 3.er punto a cordoncillo, debe anudarse con un punto a cordoncillo, formado por los dos hilos soporte, en el 2.º ojal de la serpentina grande realizada anteriormente.

3 Continuar el trabajo terminando las X con los mismos pasos de la mitad superior y siguiendo el proyecto. Terminar con dos vueltas a cordoncillo.

Para coser el top hay que unir los 2 lados, dejando una pequeña abertura en la parte superior para insertar la cenefa. Con unos pequeños puntos, colocar la cenefa en la parte delantera introduciendo en la costura también la 1.ª vuelta a cordoncillo.
Por la parte de atrás, doblar el tejido hacia el interior e introducir el elástico. Aplicar finalmente los dos tirantes.

Bolsita de nudos

Basta un bolsito, hábilmente elaborado a
macramé, para darle un aspecto refinado a
un sencillo vestido del mismo color.
Realizado con un hilado más grueso, y en
colores vivos o incluso en piel, puede
convertirse en una original funda para el
móvil.

MATERIALES

*Hilo de algodón (o bien de lino,
    seda o piel)*
Tijeras
Alfileres
Superficie de apoyo

1 Anudar 32 hilos de 120 cm con un doble soporte y hacer con éste una vuelta de cordoncillo. Comenzar formando una red (véase Cojín) y empezando desde la base de la 1.ª y de la 5.ª X, hacer un doble cordoncillo diagonal, a derecha y a izquierda. Con los 4 soportes de las 2 parejas de cordoncillo diagonal, hacer un nudo de balón.

2 Deberán encontrarse ahora con 6 hilos anudadores por cada lado del cordoncillo; usar los 3 hilos centrales de cada lado como cuerpo de un nudo plano y los 2 hilos siguientes, siempre a cada lado, como hilos laterales del mismo nudo. El 6.º hilo deberá usarse como 1.er hilo anudador, en el 2.º grupo de cordoncillos en diagonal.

3 Continuar realizando la red, trabajando como anteriormente.

OTROS TÍTULOS PUBLICADOS

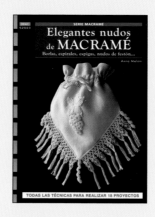

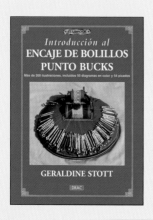

Más información sobre éstos y otros títulos en nuestra página web:
www.editorialeldrac.com